AF498285

FESTE ROYALE,

REPRESENTE'E

A LA COUR DE SUEDE,

Au jour de la Naiſſance

DE SON ALTESSE SE'RE'NISSIME

MONSEIGNEUR LE PRINCE

CHARLES FRIDERIC

DUC DE SCLESVIG

ET

HOLLSTIN GOTTORP;

MESLE'E

De Chants, de trois petites Comedies, & de Ballets,
ſuivis d'un Feſtin & d'un Bal.

*Le tout dans le Parterre, & ſur le Theatre
de la Grande Salle du Palais Royal de Stockolm.*

Le 19. Avril 1706.

SUJET DU PROLOGUE.

LE Theatre reprefente une brillante Allée d'arbres, accompagnez d'orangers, entre lefquels on découvre une agréable & vafte campagne.

Au milieu de cette décoration eft élevé le Mont-Pierië dans la Theffalie, vulgairement appellé le Mont-Parnaffe, fitué entre les Fleuves Apidane & Onochone; le Parnaffe eft ifolé, & ouvert au milieu par une bifarre caverne.

Sur la cime du Mont, Apollon eft environné du Soleil, & entourré de lauriers, affis, accompagné des neuf Mufes.

Au travers de la caverne du Parnaffe on découvre le Pegafe à la fource de la Fontaine confacrée aux Mufes, fur le Mont-Aganippide, dont elle porte le nom.

Trois allées de lauriers fervent d'ornement à l'éloignement du Théatre, dans toute l'étenduë du fond, où l'on voit marcher quelques petites figures par machines.

Sur le devant du Théatre en ligne de la deuxiéme aîle font placez de chaque côté, les Fleuves Apidane & Onochone, en forme de figures gigantefques, couchez fur de grandes pierres, & appuyez chacun fur leur Urne entourrez de rofeaux.

Des deux côtez du Théatre font placez les trois Chœurs de jeunes Nymphes, moitié de bout, moitié affifes pour former des guirlandes, & ces deux lettres, C. F. enfuite. On découvre les 12. Heures du jour, le Sacrificateur, & les Affiftans du Sacrifice, autour du Trépied deftiné pour le feu du Sacrifice. Le Spectacle de cette ouverture eft compofé de quarante deux perfonnes richement habillées.

Immediatement aprés la derniere reprife de l'Ouverture par la Symphonie, les deux Fleuves qui font au devant du Théatre chantent ce qui fuit.   A ij

ACTEURS DU PROLOGUE.

APOLLON, Le Baron Charles Guſtave Lieve.

LES MUSES.

CLIO,	La Baronne Bagge.
EUTERPE,	La Comteſſe Stenbok.
MELPOMENE,	La Comteſſe Hedvig Lillie.
THALIE,	La Comteſſe Hedvig Piper.
POLYMNIE,	La Comteſſe Ulrica Piper.
ERATO,	La Comt. Ch. Chriſtana Leyonhaupt.
TERPSICORE,	La Comt. Charlotte Leyonhaupt.
URANIE,	La Baronne Ulrica Poſſe.
CALLIOPE,	La Bar. Hed. Eleonora Falkenberg.

LES HEURES DU JOUR.

Prémiere HEURE,	La Comteſſe Bonde
Deuxiéme,	La Comteſſe Carolina Leyonhaupt.
Troiſiéme,	Mad. Louvis Antoinetta Fahlſtrom.
Quatriéme,	La Comt. Ebbe Charlotte Duglas.
Cinquiéme,	La C. Mad. Sophie Leyhonhaupt.
Sixiéme,	La Baronne Wrede.
Septiéme,	Madem. Marie-Charlotte Haſtfer.
Huitiéme,	La Comt. Eva, Marie Leyonhaupt.
Neuviéme,	La Bar. Cath.-Charlotte Ribbing.
Dixiéme,	La Baronne Mârta Morner.
Onziéme,	Madem. Sophia Sparwenfelt.
Douziéme,	La Baronne Sophia Loüiſe Taube.

L'HEURE de Nuit de la Naiſſance de S. A. S. LE DUC
Mademoiſelle Anthoinette Sparwenfelt.

ACTEURS DU PROLOGUE.

NYMPHES.

Quatre Nymphes de la Terre.

Prémiere NYMPHE,	La Bar. Hedvig Ulrica Flemming.
Deuxiéme,	La Comtesse Stina Stenbock.
Troisiéme,	La Baronne Beata Ribbing.
Quatriéme,	Madem. Loüise Fahlstrom.

Quatre Nymphes de l'Air.

Prémiere,	La Comtesse Charlotte Piper.
Deuxiéme,	La Comtesse Beata Duglas.
Troisiéme,	La Comt. Stina Loüise Oxenstern.
Quatriéme,	La Bar. Lisa Gustav. Falkenberg.

Quatre Nymphes des Eaux.

Prémiere,	La Bar. Hedvig Ulrica Flemming.
Deuxiéme,	Madem. Stina Sparwenfelt.
Troisiéme,	Madem. Hermelin.
Quatriéme,	Madem. Klingstierna.

ACTEURS DU PROLOGUE.

UN SACRIFICATEUR.

Le Sr Axel Julius Coyet.

Quatre Assistants du Sacrifice.

-   —   —

—   —   —   Le Baron Nicolase Hummerhielm.

—   —   —   Le Baron Carles Hummerhielm.

Celui qui va consulter l'Oracle, Le Bar. Carles Guftava Teffin.

L'Ombre de TROPHONIE, Le B. Meyendorf von Uxkel.

Le Fleuve APIDANE.   Le Sr Chantrau.

Le Fleuve ONOCHONE.   Le Sr Sevigny.

FESTE ROYALE,
PROLOGUE.

LE FLEUVE APIDANE.

*J*Obeis au Destin plus fort que tous les Dieux,
    A qui on ne peut contredire ;
Je renonce avec joye aux soins de mon Empire,
    Pour d'autres soins plus précieux :
Un jeune Prince qu'on admire
Par les rares faveurs qu'il a reçû des cieux ,
    M'a conduit en ces lieux.

LE FLEUVE ONOCHONE.

J'ay quitté comme vous ma demeure profonde,
Pour venir prendre part au devoir qu'on luy rend ;
C'est l'ordre du Destin , il faut qu'on y réponde ,
Prodiguons nos encens à son illustre rang.

C H O E U R

des deux Fleuves, & de toutes les Nymphes.

Qu'il a d'apas ! qu'il a de graces !
Ah ! qu'il préfage de hauts-faits ;
Les vertus marchent fur fes traces ,
Pour ne l'abandonner jamais.

Ritournelle de la Symphonie.

LE FLEUVE APIDANE.

Puiffant Fils de Latone
Et vainqueur de Python ,
O Sçavant Apollon ,
A ce Prince déja que la gloire environne
Accorde tes concerts.
Fay retentir fon Nom par mille chants divers.

Pour répondre aux vœux de ce Fleuve, tout le Parnaffe forme un concert délicieux de Flûtes differentes, fuivi d'une Symphonie compofée d'un grand nombre de Luths & de Theorbes, qui retentit du bois voifin du Mont-Parnaffe, aprés laquelle le Fleuve Onochone chante ce Couplet.

LE FLEUVE ONOCHONE.

Reçois ô jufte Ciel ! reçois un Sacrifice
En faveur du Prince aujourd'huy,
Qui te demande ton appuy ;
Que la réponfe en foit propice.

Icy

Icy commence le Sacrifice marqué par les actions de deux Sacrificateurs, & de deux de leurs Assistans, à l'Ombre de TROPHONIE, pour apprendre de luy le fort de son Altesse.

Toute la Symphonie avec les Sourdines se fait entendre durant le cours de cette Offrande, qui s'exerce par le Sacrifice de plusieurs Serpens.

Aprés cette cérémonie, celuy qui est destiné pour aller apprendre la réponse de l'Oracle, va se laver les mains dans le Fleuve d'Ercine, consacré à la Pureté, & va boire de l'eau des fontaines, de l'Oubly, & de la Mémoire; de l'une pour effacer tout souvenir du passé; & de l'autre pour ne se ressouvenir que du prononcé de l'Oracle, aprés quoy il est jetté dans la Grotte de TROPHONIE, revêtu d'une chemise de lin, où l'on le voit aussi-tôt entourré de quelques Monstres : La Symphonie cesse,& le Fleuve Apidane chante ce qui suit.

LE FLEUVE APIDANE.

Ombre de Trophonie,
Dont l'art est de sçavoir percer dans l'avenir,
Redoutable Génie,
Donne-nous les clartez, que tu nous peux fournir.

Toute la Symphonie en général reprend sa melodie avec les Sourdines, durant laquelle on voit celuy qui a été jetté dans la Grotte, qui en est repoussé avec violence : Aprés un peu de relâche les Sacrificateurs le placent sur une chaise un peu élevée , d'où il rend compte de ce qu'il a appris de l'Oracle : La grande Symphonie cesse pour donner lieu à ce Couplet.

FESTE

LE FLEUVE ONOCHONE.

Silence, silence, l'Oracle a prononcé,
Tremblons en écoutant sa divine réponse ;
Que de respect nôtre sang soit glacé,
On n'en peut trop avoir pour ce qu'il nous annonce.

Toute la Symphonie reprend encore avec les Sourdines comme auparavant, à la fin de laquelle tout est attentif au prononcé de l'Oracle.

RE'PONSE DE L'ORACLE.

Un sort toûjours heureux
Du jeune Prince est le partage ;
Jusqu'à ses Ennemis il sera généreux,
Peut-on soûhaiter davantage.

Aprés cette agréable réponse, toute la Symphonie alors dans sa belle étenduë se fait entendre d'un air gay ; les douze Nymphes de l'Air, de la Terre, & des Eaux chantent le Couplet qui suit, secondées des Fleuves.

Couplet fur le Menuet.

Tout est favorable pour vous,
Vivez, Prince, loin des allarmes,
Commencez un destin si doux,
Par en ressentir tous les charmes

Les Nymphes au bruit de toute la Symphonie
recommencent.

Second Couplet du Menuet.

Sous nôtre Heros triomphant
Croiffez comme luy dans la gloire,
Et fuivez le même penchant
Qui le conduit à la Victoire.

Aprés cet Air A P O L L O N, & les neuf Mufes fe dif-
pofent à venir fur le Théatre ; & aprés quelques danfes,
de Nymphes, il s'avance avec les Mufes jufques au Parterre, pour faire les Recits fuivants à fon Alteffe LE DUC.

A P O L L O N.

Mufes, d'une commune voix,
Suivez le penchant qui m'anime;
Pour un Prince formé du fang des plus grands Rois.
En le comblant de mon eftime,
Je veux qu'il joüiffe à la fois,
De toutes les vertus qui regnent fous mes Loix.
Répondez aux defirs de fon augufte Mere,
Par un aveu fincere.

C L I O,

Comme la Mufe qui préfide à la Sphere de MARS,
dit pour le Prince.

De tous les grands évenements
Qui luy font marquez par la gloire,
J'inftruiray fi bien tous les temps,
Qu'immortelle en fera l'Hiftoire.

FESTE

EUTERPE,

Comme la Muse qui préside à la Sphere de MERCURE,
dit pour le Prince.

Des Sons les plus harmonieux
Je prétends suspendre ses veilles ;
Et par moy les soins ennuyeux
Seront bannis de ces merveilles.

MELPOMENE,

Comme la Muse qui préside à la Sphere du SOLEIL
dit pour le Prince.

Dans mes Odes, & mes Chansons
Sur tout, en mes Poëmes Tragiques,
Je dépeindray ces actions
En termes les plus magnifiques.

THALIE,

Comme la Muse qui preside à la Sphere de la LUNE,
aux Banquets, & à l'Agriculture.

Aux lauriers qu'il moissonnera
J'emploiray tout le plus beau lustre,
Comme aux festins qu'il donnera,
Je veux que tout en soit illustre.

POLIMNIE,

Comme la Muse qui préside à la Sphere de VENUS,
dit pour le Prince.

Du plus pur amour dont un cœur
Puisse brûler toute sa vie,
S'il sent la legitime ardeur
Je seconderay son envie.

TERPSICHORE,

Comme la Muse qui preside à la Sphere de JUPITER,
& à la Danse.

De la justesse de ses pas
Douteuse n'est point l'esperance;
Déja ne le montre-t'il pas
Par une noble contenance?

URANIE,

Comme la Muse qui préside à la Sphere
du FIRMAMENT, dit.

Je veux de sçavants Curieux
Qu'il passe les plus veritables;
Et qu'en s'élevant jusqu'aux Cieux
Les Astres, luy soient favorables.

FESTE
CALLIOPE,

Comme la Muse qui préside aux chants
de VICTOIRE, & aux Loüanges, dit.

Devenez, Prince, un vray Heros
A l'exemple des plus grands Maîtres ;
Et je vous promets à propos
De l'encens comme à vos Anceſtres.

Toute la Symphonie commence, & devient dabord
interrompuë par l'arrivée inquiete de l'HEURE DE LA
NUIT, où le Prince reçût la Naiſſance.

Plainte de l'HEURE DE NUIT.

Pardonnez, Apollon, ſi j'oſe vous troubler ;
Mais je viens vous porter une trop juſte plainte.
Souffrirez-vous ſans moy, qu'on ait pû s'aſſembler,
Sans cauſer à mon cœur une ſenſible atteinte ;
Moy, qui ſur les Heures du jour
Eût l'honneur de la preference,
Pour préſider à la naiſſance
Du Duc, à qui mes Sœurs viennent faire la cour.

Réponſe de la premiere HEURE DU JOUR.

Il eſt juſte, ma Sœur, de vous mettre du nombre,
Vous devez même avoir ſur nous le premier pas ;
Aprés avoir produit dans une nuit ſi ſombre
Un Prince ſi parfait, & ſi brillant d'appas.

Immediatement aprés ces Recits, la Symphonie ſe fait
entendre, & le Théatre ſe change pour la premiére Petite
Comedie, qui a pour titre LE NOUVEAU MARIE'.

NOMS DES ACTEURS
de la premiere Comedie.

Mr Villain, Conseiller d'un Présidial, Le Baron Charles Gustave Tessin.

Madame Brionet, veuve, La Baronne Ulrica Tessin.

Mademoiselle Lucie, sa Fille, La Baronne Josepha Pflug.

Monsieur Damis, frere de Lucie, Le Baron Charles Gust Ulsparre·

Sansfoucy, valet de Mr Villain. Le Baron Leve.

Aprés cette Comedie l'on commence le premier Inter-mede par des Danses, Mademoiselle la Baronne Hedwig Charlotte Tessin, & Monsieur Vingarden dansent alter-nativement seuls & ensemble. A la fin de ces Entrées de Ballet, la ferme de milieu du Théatre s'ouvre, & represente un rivage entourré d'un Bois, au bord duquel on voit une grande Tortuë, qui vient faire le tour du Théatre; deux Gruës, qui d'un vol impetueux tra-versent toute la Salle des Spectateurs, vont béqueter cette Tortuë, laquelle aprés plusieurs contorsions, s'ouvre par le milieu, & l'on en voit sortir quatre petits Arlequins, qui sont,

    –   –   Le Comte Gyllenstern.

    –   –   Le Comte Charles Piper.

    –   –   Monf. Jean Sparwenfelt.

    –   –   Et Monf. Lehusen.

A leur sortie les Gruës s'envolent, & laissent quelques Oëufs, que l'épouvante leur a fait faire; comme ils sont remplis d'eaux odoriferentes, les Arlequins aprés quel-ques gesticullations les jettent parmy les Spectateurs.

Cet Intermede étant fini on commence la 2me Comedie, qui a pour titre, LE SEMBLABLE A SOY-MESME.

NOMS DES ACTEURS
de la seconde Comedie.

Le Bailly du Village,	Le Baron Charles Guftave Teffin
Thibault, Païfan,	Le Baron Charles Guftave Ulfparre.
Cléante, Amant de Lucie,	Le Comte Benoift Stenbock.
La Brie, Valet de Cleante,	Le Baron Jean-Gabriel Sack.
Mathurin, Valet du Bailly,	Le Baron Leve.
Perrine, Femme de Thibault,	La Comteffe Charlotte Piper.
Lucie, Niece de Thibault,	La Comteffe Charlotte Leyonhaupt.
Catò, Servante de Thibault.	La Baronne Ulrica Teffin.

Cette Comedie finie, la ferme du milieu du Théatre s'ouvre de rechef; l'on voit une Mer du fond de laquelle vient un ARION joüant du Luth, fur un Dauphin, qui le conduit jufques à terre, où il aborde la Nymphe des Eaux, qu'il accompagne de fon Luth.

L'ARION eft reprefenté par Mr Franck.

LA NYMPHE repréfentée par Madem. Klingftiern.

> *Le Deftin des Poiffons*
> *Eft de fe faire prendre*
> *Par des filets ou des hameçons;*
> *Et le fort d'un cœur tendre*
> *Eft fouvent fans retour*
> *De fe rendre*
> *Dans les rets de l'Amour.*

Pendant

Pendant que la Symphonie pourſuit le même Air , on
voit paroître un batteau tres-bizar , remply de ſix petits
Amours , celuy de devant eſt debout tenant une ramme
à la main , un autre eſt aſſis ſur la poupe preſque à moitié dehors , qui s'amuſe avec un Triton , auquel il mon-
tre des Poiſſons vivants dans un petit filet d'argent. Sur
le bord du milieu du batteau , on voit un autre grand
filet d'argent preſt à jetter pour la peſche ; les petits
Amours ont chacun leur carquois , avec leur arc , &
des fléches , parmy leſquels il y en a qui tirent aprés
des Dauphins , & d'autres aprés un cœur attaché à un
arbre. A la fin de la Symphonie , la Nymphe des Eaux
chante le deuxiéme Couplet ſur l'Air du premier.

LA NYMPHE.

De la captivité ,
Evitons le martyre ,
Rien n'eſt ſi doux que la liberté :
Sitôt que l'on ſoûpire ,
Adieu toute douceur ;
J'aime à rire ,
Et l'Amour me fait peur.

Durant ce Couplet les petits Amours jettent leur filet d'argent
à la Mer , & ſe repoſent quelque temps aprés le Couplet chanté ;
La Symphonie reprend le même Air , pendant laquelle ils retirent
leur filet de l'eau , dans lequel ſe trouve pris un Dauphin. Aprés
l'avoir tiré ſur le bord de la Mer ils l'ouvrent , & trouvent dedans
une vingtaine de bouquets , chacun avec une deviſe allegorique ,
qu'ils vont preſenter à Sa Majeſté la Reyne , & à leurs Alteſſes
Royales.

Immediatement aprés commence la troiſiéme petite Comedie ,
intitulé Dom Pasquin d'Avalos , Repréſentée par de
jeunes perſonnes.

C

NOMS DES ACTEURS
de la troifiéme Comedie.

Dom Pafquin d'Avalos, Efpagnol,	Le Baron Charles Guftave Teffin.
Gufman, fon Valet,	Le Baron Charles Guft. Ulsparre.
Dom Lope, Amant de Lucie,	Le Comte Magnus Stenbock.
Lucie, Amante de Dom Lope,	La Comteffe Hedvig Lillie.
Marine, fa Suivante,	La Comteffe Charlotte Piper.
Picard, Laquais de Lucie,	Le Baron Bonde.

Aprés cette derniere Comedie, le rideau de devant du Théatre fe baiffe, pour y préparer le troifiéme & dernier Intermede, dont de neceffité la difpofition fe doit cacher pour un tems, durant lequel la Symphonie tient lieu d'amufement. L'on commence à préparer la grande Table, pour la Reyne, & leurs Alteffes Royales, dans le Parterre.

Et lorfque tout eft en état, le rideau fe leve, & l'on découvre cinq Tables fur le Théatre, une en longueur de chaque côté du Théatre pour les Nymphes, les Acteurs, & les petits Amours.

Une Troifiéme en ovalle au milieu du Théatre, pour fon Alteffe le Duc, qui fera fervi par trois Graces.

Une quatriéme Table derriere cette ovalle, prefque en la largeur du Theatre, un peu plus élevée que la troifiéme, pour les Douzes Heures, & les Actrices des Comedies.

La cinquiéme Table est encore plus élevée pour
APOLLON, & les neuf Muses; derriere APOLLON
on voit le SOLEIL, & sur quelques nuages six autres
petits Amours dansants, qui représentent l'âge de son
Altesse le Duc.

Toutes les Personnes de ce grand Spectacle, à la levée
du rideau sont debout en ordre à leurs places ; & tout
aussi-tôt quelques Colombes prennent leur vol par toute
l'Assemblée, pour annoncer l'arrivée de VENUS, qui
descend de fort haut sur son char, traîné par deux Colombes, soûtenuë d'un nuage assez leger ; CUPIDON paroît
en l'air à côté d'elle. Cette Déesse venant prendre part
au spectacle, les trois Carites ou Graces, AGLAYE,
THALIE, EUFROSINE, des deux côtez du Théatre
sur des Nuages, & venant à terre accompagnées du
Dieu d'HYMEN, suivent VENUS, à mesure qu'elle
descend. A la fin de la Symphonie, la Comtesse Ulrica
STENBOCK, représentant Venus, fait le Récit suivant.

VENUS.

Ne vous allarmez point, que rien ne vous arreste,
Venus, se plaît à voir vos innocents plaisirs,
Et bien loin d'en vouloir interrompre la Fête,
Elle y vient, approuvant de si justes desirs,
Passer quelques instants de ses plus doux loisirs.

   Qu'on ne me rende aucun hommage,
   Et que la pompe d'aujourd'huy,
   Soit, au Prince que j'envisage
   Uniquement toute pour luy.

Que son illustre Mere
Soit tout ce qu'on révére
En ces aimables lieux,
Mes vœux sont satisfaits, & je suis tres-contente,
Que dans ce digne Fils, si parfait à mes yeux,
L'Amour qui m'a servy surpassant mon attente,
Ait sçû d'Elle emprunter tant d'attraits précieux.

Quoyque vous m'en deviez quelque reconnoißance?
Princeße, qu'à vous seule on rende tout l'honneur
Des Graces dont j'ay sçû seconder sa naißance;
Et pour en faire mieux éclater la grandeur,
Je veux qu'en luy domine une heureuse influence
Si favorable à sa puißance
Que la Nobleße de son cœur
Paßera de bien loin toute vôtre esperance.

Cependant, malgré les biens-faits,
Dont je cherchay toûjours à combler les soûhaits,
Des Heros de vôtre origine,
Il en est un ouvertement.
Qui m'outrage, & qui me chagrine
Par un mépris sans fondement,
Comme si de ses vœux, Venus étoit indigne.

Celuy qui se fait admirer
A présent de toute la Terre,
Ce Roy, qu'on aime à révérer
Autant que le Dieu de la Guerre,
Que je contrains de m'adorer ;
Ce Grand Charles en un mot, craint comme le Tonnerre,
Est l'Objet qui me fait justement murmurer.

Je consens que pour ma mémoire,
Ardent à se montrer audessus des Mortels,
En volant chaque jour de Victoire en Victoire,
On n'attende de luy que succés éternels ;
Mais je ne puis souffrir que contraire à ma gloire
Les dédains de son cœur pour moy les plus cruels,
Refusent si long tems d'encencer mes Autels.

N'est-il pas bien sensible à la Reyne des Graces,
Lorsqu'elle descend icy bas
Pour porter ce Heros à de tendres audaces,
De se voir obligée à parer ses appas
Des ajustemens de Pallas.

Ah ! c'est un triomphe pour elle
Propre à renouveller les inquiets soucis
Des trois Déesses en querelle,
Quand pour la terminer au rapport de Paris,
J'eus l'honneur comme la plus belle
De remporter le digne prix.

N'importe, on en dira ce que l'on voudra dire
Pourvû que sous cet ornement,
J'engage Charles adroitement
A reconnoître mon Empire.

Va mon Fils, seconde en ce jour
Les soins empresseꝫ de ta Mere,
Et tous deux de concert, travaillons au retour
D'un Monarque à la Suede en tout si necessaire ;
Je te suivray de prés, va, pars, & que sa Cour
Aprés une si longue absence
Soit bien-tôt redevable à Venus, & l'Amour
Des Festes qui dans ce séjour
Suivront son auguste présence

L'AMOUR s'envole.

En attendant, goûtez, toûjours
Les Divertissements dont il veut qu'on joüisse,
Il n'en ordonne l'heureux cours
Qu'à dessein que l'on obéisse.

Mais de Comus, Dieu des Festins,
La gloire seroit imparfaite,
Si pour contenter les destins
Le Duc ni prenoit part autant qu'il le soûhaite.

Les Ris, les Jeux, & les Plaisirs
Attendent ce haut avantage ;
Parteꝫ, Graces, tout vous engage
De l'aller inviter à venir, des plaisirs

Honnorer icy l'affemblage ;
Allez, précipitez vos pas :
Et pour luy plaire, mettez, en ufage, .
Tout ce que vous avez d'appas.

Les trois Graces vont prendre le Prince,
& VENUS chante ce Couplet.

V E N U S.

Honnorez dans ce Prince aimable
Le Neveu du Vainqueur,
Qui rend par fon grand cœur
Cet Empire fi redoutable :
Trop heureux qui vit fous les Loix
Du plus fage de tous les Rois!

Aprés ce Couplet les Graces s'adreffent au Prince en
ces termes, fuivant leur attributs. La premiere portant
un flambeau, & un cœur enflâmé fur la tête, comme celle
qui infpire le feu des plus nobles fentiments, parle ainfi.

AGLAYE, prémiere Grace, parlant au DUC.

— — La Baronne Beata Ribbing :

Vous voyez, de Venus les Graces favorites,
Dont le zele pour vous n'aura point de limites.
Tant qu'il ne s'agira que d'un fage devoir ;
Le mien eft d'enflâmer des ardeurs les plus belles
Et vous pouvez, compter fur des foins fi fideles,
Que vous aurez, fur nous un abfolu pouvoir.

La deuxiéme portant un dard à la main, & un cœur percé de deux fléches fur la tefte,
comme celle qui réduit les vices contraires aux bonnes mœurs.

THALIE, deuxiéme Grace, parlant au Duc.

— — La Baronne Elfa Bannier.

Prince, ne craignez point les armes dont je bleſſe,
Je ne m'en ſers jamais quand l'occaſion preſſe,
Que contre les Mortels, ennemis des vertus ;
Comme vous promettez d'en faire un bon uſage,
Mes traits en vous ſervant n'auront d'autre avantage,
Qu'à ranger ſous vos pieds les vices abatus.

La troiſiéme portant une chaîne à la main ; & un cœur enchaîné ſur ſa teſte, comme celle qui captive les Cœurs envieux & jaloux des Princes vertueux.

EUFROSINE, troiſiéme Grace, parlant au Duc.

— — La Comteſſe Anna-Maria Leyonhaupt :

Foible comme je ſuis, je croy qu'on eſt en peine,
De me voir dans les mains une peſante chaîne,
Lorſque je viens remplir un employ glorieux ;
Il ne faut point icy que je diſſimule,
D'enchaîner les Jaloux, je ne fais point ſcrupule,
Et je ſeray l'effroy de tous vos Envieux.

Quelques Muſiciennes du Roy, & Muſiciens François habillez en Bacantes & en Faunes, chantent des Airs à boire.

F I N.

Ce Spectacle eſt ſuivi d'un Bal magnifique
qui commence auſſi-tôt.